ANNETTE NEUBAUER

ACHTUNG, FEUERWEHR IM EINSATZ!

ILLUSTRIERT VON MICHAEL BÖHM

www.leseloewen.de

ISBN 978-3-7432-0758-5
1. Auflage 2021
© 2021 Loewe Verlag GmbH, Bindlach
Umschlag- und Innenillustrationen: Michael Böhm
Umschlaggestaltung: Kathrin Tobian
Vignetten Leselöwe und Sticker: Angelika Stubner
Printed in the EU

www.loewe-verlag.de

INHALT

ALARM!

DER GONG ERTÖNT.

„EIN NOTRUF!", RUFT FRED.

„IM WALD BRENNT ES!

WIR MÜSSEN AUSRÜCKEN!"

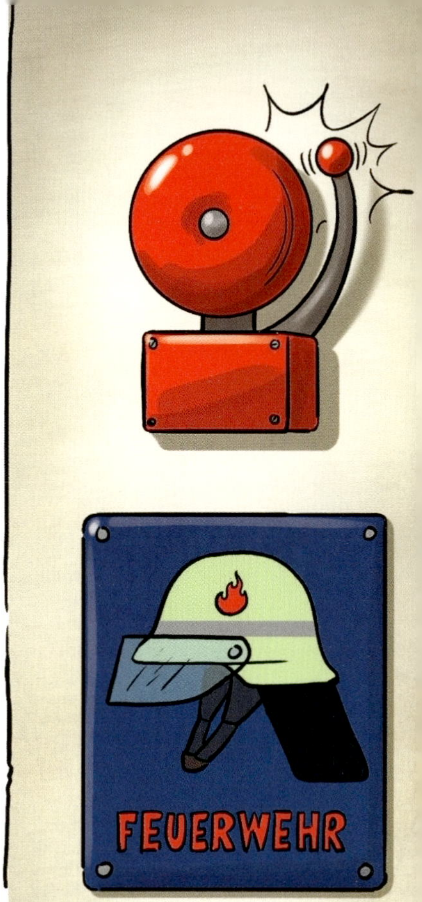

DIE FEUERWEHRLEUTE LASSEN

ALLES STEHEN UND LIEGEN.

IN WINDESEILE LAUFEN SIE
ZU DEN RUTSCHSTANGEN
UND GLEITEN HINUNTER.

10

UNTEN ANGEKOMMEN ZIEHEN
ALLE DIE SCHUTZKLEIDUNG AN:
IN DIE STIEFEL, HOSEN HOCH,
JACKEN ZU UND FERTIG!

DANN SPRINGEN

DIE MÄNNER UND FRAUEN

IN DIE WAGEN.

DIE SIRENEN HEULEN LAUT AUF.

LOS GEHT'S!

FRED FÄHRT DEN **EINSATZLEITWAGEN**.

ZWEI **TANKLÖSCHFAHRZEUGE**,

EIN **RÜSTWAGEN** UND EIN

GRUPPENFAHRZEUG FOLGEN IHM.

PER FUNK VERSTÄNDIGT FRED

DIE POLIZEI.

DIE HÄUSER AM WALDRAND

MÜSSEN GERÄUMT WERDEN.

FLINKE HÄNDE

NACH NUR WENIGEN MINUTEN
ERREICHEN DIE FEUERWEHRLEUTE
DEN EINSATZORT.

„BODENBRAND!
DIE STÄMME UND ÄSTE
BRENNEN NOCH NICHT",
SAGT FRED ERLEICHTERT.

17

DIE FEUERWEHRLEUTE
ARBEITEN HAND IN HAND.

18

EINIGE ROLLEN DIE SCHLÄUCHE AUS

UND SCHLIESSEN SIE AN DEN TANK

DER LÖSCHFAHRZEUGE AN.

ANDERE HOLEN WERKZEUG

AUS DEN WAGEN.

DANN DÄMMEN SIE
MIT FEUERPATSCHEN UND
SPATEN DEN BRAND EIN.

DAS FEUER WIRD EINGEKESSELT

FRED HAT DAS KOMMANDO.
IN **GEDUCKTER HALTUNG** GEHT ER
MIT SEINER KOLLEGIN
AUF DIE FLAMMEN ZU.

DIE BEIDEN HALTEN DEN SCHLAUCH

FEST IN DEN HÄNDEN.

DAS WASSER SCHIESST

MIT HOHEM DRUCK HINAUS.

RECHTS UND LINKS NEBEN

DEN BEIDEN ARBEITEN SICH

ANDERE FEUERWEHRLEUTE VOR.

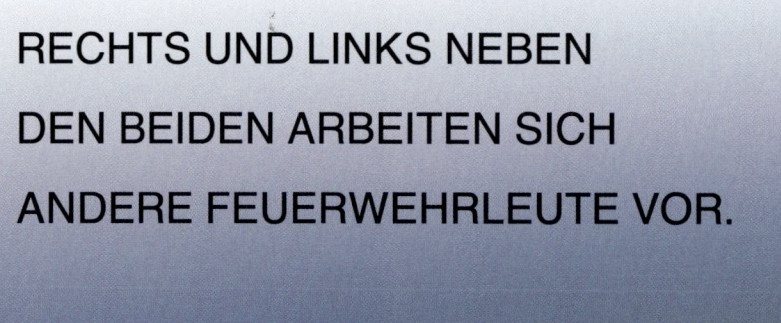

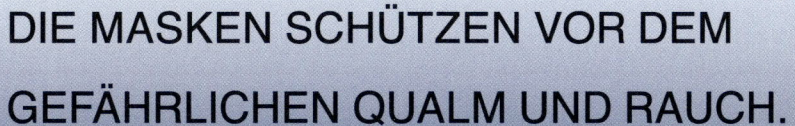

DIE MASKEN SCHÜTZEN VOR DEM
GEFÄHRLICHEN QUALM UND RAUCH.

DURCH DIE FLAMMEN UND

DIE SCHUTZANZÜGE

WIRD ES SEHR HEISS.

DOCH NIEMAND LÄSST SICH
VON DER HITZE ABLENKEN.
ALLE HALTEN DEN WASSERSTRAHL
DIREKT AUF DIE FLAMMEN.

DANN DREHT SICH FRED UM

UND GIBT ZEICHEN.

SEINE KOLLEGEN NICKEN.

SIE HABEN IHN VERSTANDEN.

GEMEINSAM TREIBEN SIE
DIE FLAMMEN AUF EINEN BACH ZU.
BALD IST DAS FEUER
EINGEKESSELT.

DIE FEUERWEHRLEUTE

ARBEITEN OHNE PAUSE.

ENDLICH SIND AUCH

DIE LETZTEN FLAMMEN ERSTICKT.

DER BRAND IST GELÖSCHT.

DA HÖRT FRED

EIN ÄNGSTLICHES MIAUEN.

RETTUNG IN NOT

AUF EINEM AST SITZT
EIN KÄTZCHEN.
PLÖTZLICH SPRINGT ES
AUF FREDS SCHULTER.

FRED NIMMT ES AUF SEINEN ARM.

„DU HAST JA EIN BAND MIT

DEINER ADRESSE UM DEN HALS",

STELLT ER FEST.

AUF DEM WEG ZUR EINSATZZENTRALE

BRINGT FRED DAS KÄTZCHEN ZURÜCK.

VOR EINEM HAUS STEHT EIN JUNGE

UND SCHAUT SICH UM.

JETZT ENTDECKT ER FRED

MIT DEM KÄTZCHEN UND

LÄUFT DEN BEIDEN ENTGEGEN.

„KARLCHEN!

DU BIST WIEDER DA!",

RUFT DER JUNGE.

FRED LEGT KARLCHEN SANFT

IN DIE ARME DES JUNGEN.

DAS KÄTZCHEN SCHNURRT LEISE.

„DANKE!", RUFT DER JUNGE FROH.

„DIE FEUERWEHR HILFT GERNE",

ANTWORTET FRED.

„WIE HEISST DU DENN?"

„SAM! UND WENN ICH GROSS BIN,
WERDE ICH FEUERWEHRMANN",
SAGT SAM. „SO WIE DU!"

1. **Verkehrt herum!**
Wie heißt der Feuerwehrmann?

Derv

Dref

Derf

Antwort: Fred

2. **Wie schnell ist die Feuerwehr am**
Einsatzort? Kreuze an.

Nach nur wenigen …

☐ Minuten

☐ Stunden

☐ Tagen

Antwort: Minuten

40

3. **Wo brennt es? Bringe die Buchstaben in die richtige Reihenfolge.**

D A L W A R N D

Antwort: Waldrand

4. **Welches Tier findet Fred auf einem Baum? Kreise das richtige Wort ein.**

Z I E G E H U N D K A T Z E M A U S T I G E R

Antwort: Katze

5. **Finde die drei Wörter aus der Geschichte im Buchstabengitter.**

B	R	A	N	D
R	A	E	S	Z
Q	U	A	L	M
U	C	R	E	U
A	H	I	T	E

Antwort: Brand, Qualm, Rauch

Einsatzleitwagen (Seite 14):

Der Einsatzleitwagen ist die Zentrale bei einem Feuerwehreinsatz. Von hier aus steuert der Einsatzleiter alle  Maßnahmen. Er behält den Überblick und sagt den Feuerwehrleuten, was zu tun ist.

Tanklöschfahrzeuge (Seite 14):

Im Tanklöschfahrzeug bringt die Feuerwehr ihr eigenes Wasser mit. 5.000 Liter passen in den Löschwasserbe-  hälter. So können die Löscharbeiten gleich beginnen, auch wenn kein Wasserzugang in der Nähe ist.

Rüstwagen (Seite 14):

Der Rüstwagen transportiert Geräte zum Einsatzort. Dazu gehören zum Beispiel eine Seilwinde und ein Lichtmast, damit die Feuer-  wehrleute auch bei Nacht arbeiten können.

Gruppenfahrzeug (Seite 14):

Das Löschgruppenfahrzeug bietet Platz für neun
Feuerwehrleute. Außerdem hat es einen Löschwasser-
tank, aber einen kleineren als das Tanklöschfahrzeug.

Es rückt mit den anderen
Fahrzeugen im Löschzug
aus.

geduckte Haltung (Seite 22):

Rauch und Hitze steigen nach oben und erschweren
die Atmung. Um das Bewusstsein nicht zu verlieren
und sich vor Stichflammen zu schützen, gehen die
Feuerwehrleute bei ihren Einsätzen gebückt auf
das Feuer zu.

Blättere schnell um und trage die blauen Buchstaben
in der richtigen Reihenfolge in die Kästchen ein!

Annette Neubauer, geboren 1963, hat schon als Kind lieber spannende Bücher gelesen, als mit Puppen zu spielen. Nach dem Abitur und Studium schrieb sie zahlreiche Kinderbücher, die mittlerweile in viele Sprachen übersetzt wurden. Heute lebt sie als freie Autorin in Köln.

Michael Böhm, 1974 in Dortmund geboren, lebt mit seiner Frau in Hamburg. Seit er ein kleiner Junge war, zeichnet er am liebsten alles, was Räder hat, und konnte das Hobby zum Beruf machen. In der Freizeit schraubt er auch gern an seinem alten Auto rum.

Das Leselöwen-Lösungswort

Besuche den Leselöwen auf
www.leseloewen.de und trage
die farbigen Buchstaben
von den Seiten *Schon gewusst?*
in der richtigen Reihenfolge
in die magische Box ein.

Wenn du das Lösungswort
gefunden hast, kommst du auf
die geheime Seite mit vielen
weiteren Spielen und Rätseln!

Der **Leselöwe** freut sich auf dich!

Jetzt
online!